I0423024

Casimir Perier

La Réforme financière de 1862

Essai

Le code de la propriété intellectuelle du 1er juillet 1992 interdit en effet expressément la photocopie à usage collectif sans autorisation des ayants droit. Or, cette pratique s'est généralisée dans les établissements d'enseignement supérieur, provoquant une baisse brutale des achats de livres et de revues, au point que la possibilité même pour les auteurs de créer des œuvres nouvelles et de les faire éditer correctement est aujourd'hui menacée. En application de la loi du 11 mars 1957, il est interdit de reproduire intégralement ou partiellement le présent ouvrage, sur quelque support que ce soir, sans autorisation de l'Éditeur ou du Centre Français d'Exploitation du Droit de Copie , 20, rue Grands Augustins, 75006 Paris.

ISBN : 978-1545417089

10 9 8 7 6 5 4 3 2 1

Casimir Perier

La Réforme financière de 1862

Essai

Table de Matières

La Réforme financière de 1862

Il y a un an, à pareille époque, j'examinais dans la *Revue* la situation des finances de l'empire [1], et je disais : « Le décret du 24 novembre 1860, qu'un commentaire officiel invite à considérer *comme la préparation au développement de libertés plus étendues*, a peu fait pour accroître les attributions du corps législatif dans le vote des lois et dans le règlement des budgets. Ce décret est-il destiné à inaugurer une ère nouvelle ? C'est ce que nous dira l'avenir. » Les lettres impériales du 12 novembre 1861 sont venues marquer un nouveau progrès dans cette marche lente vers le perfectionnement de nos institutions. On sait quelle influence le décret du 24 novembre 1860 a pu exercer sur la politique générale du gouvernement ; on n'avait pas besoin de lire le mémoire de M. Fould pour savoir que ce décret n'avait pu arrêter l'augmentation des dépenses. Quand le mémoire parut, l'exposé de la situation financière fut, pour les personnes au courant des affaires, bien plus un aveu qu'une révélation. Malgré de nombreuses dénégations, les discours prononcés devant le corps législatif, les rapports des commissions, l'examen des budgets et des comptes, avaient donné l'éveil sur l'état des finances. Cette partie du public, la plus nombreuse il est vrai, qui ne donne à ses intérêts les plus essentiels qu'une attention distraite éprouva seule un pénible sentiment de surprise. C'est pour ce public qu'il est bon d'écrire, car les avertissements arrivent un peu tard à qui ne les attend que des faits accomplis. Je viens donc examiner la portée des nouvelles mesures de législation financière adoptées pour prévenir le mal futur et les moyens proposés pour remédier au mal passé. Je le ferai, quant aux premières, avec la ferme volonté de ne m'écarter en rien du respect que commande le caractère qui leur est désormais imprimé ; mais exposer avec convenance une opinion consciencieuse sur un sujet si intéressant pour la nation tout entière, c'est un droit qui appartient à tous. Lorsque les pouvoirs se décident à faire des concessions, que ces concessions soient dictées par la nécessité ou inspirées par la prévoyance, les oppositions se trouvent placées entre deux écueils : elles ont à redouter également de se laisser prendre aux apparences en se déclarant trop aisément satisfaites, ou de faire douter de leur sincérité en se montrant trop exigeantes. Je n'hésite pas à dire que de ces deux écueils ce n'est pas le dernier qui me paraît le moins dangereux, et je m'en garderai soigneusement.

Les circonstances qui ont précédé et préparé le vote du sénatus-consulte du 31 décembre donnent à cet acte une importance supérieure encore à celle qu'il puise en lui-même. Le décret du 24 novembre 1860 était l'œuvre du souverain seul. Si une influence quelconque avait pu s'exercer, cette influence n'avait pas été déclarée hautement, et l'on a été d'autant plus fondé depuis lors à croire à une inspiration toute personnelle du chef de l'état que la pensée première du décret a paru plus restreinte qu'étendue dans ses effets par ceux qui ont été chargés de l'appliquer. En novembre 1861 au contraire, et pour la première fois sous le régime actuel, l'initiative du souverain a fait place à celle d'un conseiller.

L'avènement si solennel du ministre, la publicité donnée au mémoire qui a déterminé les résolutions impériales ont eu une signification qui ne peut échapper à personne. Les changements dans l'administration financière, dont la nécessité, à ce que nous apprend la lettre à M. le ministre d'état, préoccupait depuis longtemps le souverain, paraissent n'avoir été arrêtés en principe qu'après un examen contradictoire dans le conseil où le promoteur de la réforme réussissait à faire prévaloir ses idées. Il n'y a rien que de légitime à trouver dans cet ensemble l'indice d'un retour vers les saines pratiques du gouvernement représentatif. La responsabilité commence, au moins moralement, pour les ministres, le jour où il est établi qu'ils peuvent, s'ils le veulent, ne pas être de simples instruments.

Tel est le caractère le plus saillant de la situation nouvelle, et lorsque la possibilité d'un tel résultat se laisse entrevoir, il devient plus aisé d'abdiquer en partie au profit de l'avenir les droits de la critique sur le passé. L'opinion publique s'est montrée juste pour le souverain comme pour son ministre. Si le premier pouvait avoir à se plaindre, ce serait du zèle avec lequel certains commentateurs ont cherché à amoindrir les conséquences de sa décision et à enfermer pour ainsi dire ses résolutions futures dans des limites qu'il a seul le droit de tracer. Quant à M. Fould, jamais, depuis la chute du gouvernement parlementaire, la nomination d'un ministre n'avait produit une impression si marquée. Un ministre des finances, même sous un régime qui l'isole du public et paraît le soustraire à son contrôle, a besoin plus qu'aucun de ses collègues de présenter quelques garanties d'expérience et d'être cru capable d'opposer quelque résistance aux entraînements de tout genre qui l'assiègent. Tels sont les motifs qui ont disposé les hommes de finance à favorablement accueillir l'entrée de M. Fould au ministère. Le public a généralement partagé cette manière de voir. Sachant gré au nouveau ministre de la fermeté de ses appréciations, entendant avec satisfaction le langage pratique des affaires, il a pensé que le choix de l'empereur, enfermé dans le cercle de ceux à qui leur situation permettait d'aspirer à cet honneur, s'était bien adressé. La Bourse a témoigné son approbation par une hausse sensible. Ce sentiment général est si prononcé, que je ne ferai qu'y répondre en cherchant uniquement dans le langage de M, Fould le caractère et la portée de la réforme projetée.

Le rapport présenté au sénat par M. Troplong sur le projet de sénatus-consulte destiné à modifier les articles 4 et 12 du sénatus-consulte du 2 décembre 1852 n'a été que la longue paraphrase du mémoire de M. Fould. M. le président du sénat n'y a guère joint de sa propre inspiration que les éloges sans réserve qu'il prodigue volontiers aux institutions actuelles. Cette disposition est si remarquable chez lui, qu'elle le conduit à louer à la fois ce qu'il propose de changer et ce qu'il propose de mettre à la place, de telle sorte que ses lecteurs, quelque préparés qu'ils soient à se laisser guider par lui, incertains de savoir de quel côté sont ses préférences, peuvent hésiter souvent sur le sens dans lequel ils doivent diriger les leurs. M. le président du sénat, il est inutile de l'ajouter, n'a pas négligé cette occasion de renouveler les critiques si vives qu'il aime à prodiguer à tous les régimes précédents. Quelle que soit l'importance de cette pièce, je ne vois pas de motifs pour chercher ailleurs que dans le mémoire à l'empereur le véritable *exposé de motifs* du sénatus-consulte. C'est à M. Fould que revient l'honneur de la tentative de réforme, et je ne doute pas qu'il n'accepte, qu'il ne réclame même toute la responsabilité qui lui appartient.

Examinés avec l'attention qu'appellent de semblables documents, jugés avec une impartiale justice, les publications successives de M. Fould et ses plans financiers ne répondent peut-être pas à toutes les espérances conçues. L'étendue et les causes du mal sont exposées avec Une précision et une vigueur qu'on n'aurait osé attendre ; mais les remèdes proposés seront probablement considérés comme insuffisants. Pour ma part, je pourrais me féliciter, si ce n'était là un triste sujet de satisfaction, de retrouver chez un témoin si bien informé une partie des réflexions que la *Revue* insérait il y a un an. Les chiffres seuls diffèrent, car je n'avais pas osé porter mes prévisions jusqu'au degré où M. Fould nous apprend que le mal était arrivé. Ceux qui se rappelleraient cette publication n'auront peut-être pas oublié non plus avec quelle vivacité elle fut attaquée, taxée d'exagération et signalée comme dictée par l'esprit de parti. Cependant l'accroissement de la dette publique, l'usage immodéré du crédit, l'élévation progressive des dépenses, l'abus des crédits supplémentaires et extraordinaires, l'énormité des découverts, ont inspiré à M. Fould des critiques plus vives que le furent les miennes. Il est vrai que je présentais comme le meilleur moyen de couper court aux abus le retour aux pratiques constitutionnelles et aux garanties contre le laisser-aller et l'empirisme, garanties qu'on cherchera vainement ailleurs que dans le contrôle efficace des représentants de la nation. M. Fould se place à un point de vue très différent. Il n'accorde qu'une importance secondaire à la spécialité des dépenses et au vote du budget par chapitres ; il ne consent à ce qu'on fasse un pas dans cette voie que « parce que l'empereur l'a promis ; » il ne voit pas « de très grands inconvénients à cette modification, pourvu que les chapitres ne renferment que de grandes divisions. » M. Fould a demandé à d'autres moyens, qui seront examinés plus tard, le frein qu'il reconnaît indispensable à ce qu'il appelle *le plus légitime des entraînements, celui des dépenses utiles,* oubliant un peu trop que toutes les dépenses paraissent aisément utiles à ceux qui les ordonnent.

J'ai hâte d'arriver aux modifications constitutionnelles qui ont fait l'objet du sénatus consulte du 31 décembre. Je m'abstiendrai donc de répondre aux arguments sur lesquels s'appuie le mémoire à l'empereur pour blâmer les anciennes formes dans lesquelles se réglaient les budgets des gouvernements libres. Tout a été dit sur ce sujet, et ces sortes de discussions prennent trop aisément le caractère de récriminations pour que je veuille m'y laisser entraîner. Je dirai seulement, car je l'ai beaucoup entendu dire autour de moi, que l'aveu des mécomptes éprouvés depuis dix ans semblait motiver un jugement moins sévère sur les anciens errements. Il n'est d'ailleurs besoin ni de récriminations ni de comparaisons pour montrer combien il était indispensable d'apporter des changements au système qui a produit en dix ans les résultats que M. le ministre résume ainsi : « deux milliards d'emprunts en rentes, auxquels il faut ajouter 100 millions d'augmentation du capital de la Banque, — 135 millions consolidés en rentes en 1857 pour la caisse de la dotation de l'armée, et depuis tous les fonds de cette caisse successivement absorbés, — 132 millions d'obligations trentenaires, — 2 milliards 800 millions de crédits extraordinaires dont on a vu cette année avec regret les plus considérables s'ouvrir après la session des chambres, — 1 milliard de découverts, — le recours au crédit sous toutes les formes, à l'emprunt sous tous les modes possibles, — l'emploi des ressources des établissements spéciaux dont l'état a la direction, — l'absorption complète des capitaux appartenant à la caisse de la dotation de l'armée ;... » — puis, comme conséquence : « l'état du crédit devant d'autant plus attirer l'attention de l'empereur que la situation des finances préoccupe tous les esprits, — : le sénat et le corps législatif exprimant leur inquiétude, ce sentiment pénétrant dans la classe des hommes d'affaires, qui tous présagent et annoncent une crise d'autant plus grave qu'à l'exemple de l'état, et dans un but d'amélioration et de progrès peut-être trop précipité, les départements, les villes et les compagnies particulières se sont lancés dans des dépenses très considérables. »

Ainsi parlait, il y a trois mois, M. le ministre des finances. Ayant reconnu le mal, jusqu'à ce jour si souvent contesté, quoique si souvent signalé, il l'a résolument dénoncé dans un langage qui forme un éclatant contraste avec l'optimisme que les organes du gouvernement opposaient, dans la session dernière, aux craintes exprimées par quelques membres du corps législatif. La franchise de M. Fould a rendu un service signalé ; il faut l'en féliciter et lui en savoir gré. Malheureusement le mémoire cesse trop tôt d'obtenir un assentiment unanime. « Le véritable moyen de conjurer cette crise, dit M. Fould en terminant la peinture de la situation, c'est d'agir avec promptitude et décision et de fermer la source du mal en supprimant les crédits supplémentaires et extraordinaires. » Quelque partisan qu'on soit de la réduction des crédits extra-budgétaires, on aura de la peine à reconnaître à cette réduction seule une telle efficacité. C'est à dessein que je dis *réduction*, ma raison se refusant à croire à la *suppression*. La suppression complète des dépenses supplémentaires et extraordinaires n'est pas possible et ne sera jamais réalisée. Il est donc fort à craindre que l'organisation nouvelle du système de virements n'entraîné avec elle la plupart des inconvénients qu'on veut éviter, et qu'il n'y ait que les noms de changés. Je vais m'expliquer mieux : de quelque nom qu'on appelle les crédits destinés à faire face aux dépenses extra-budgétaires, il y aura toujours des services publics pour lesquels les prévisions du budget, si larges qu'elles soient, seront accidentellement en défaut, et il y aura toujours aussi d'autres services qui se trouveront trop richement dotés. De là nécessité d'allocations supplémentaires ; de là, d'un autre côté, obligation de faire face à ces allocations au moyen de virements de crédits en consacrant l'excédant d'un chapitre à pourvoir à l'insuffisance d'un autre. De même il y aura toujours, soit à l'intérieur, soit à l'extérieur, des circonstances imprévues, impossibles même à prévoir, qui nécessiteront l'emploi immédiat de ressources auxquelles n'aura pu pourvoir le budget en cours : de là les crédits extraordinaires dont la dette flottante fournit les fonds, et que le corps législatif ne peut sanctionner par son vote que lorsque la dépense est faite et payée. On comprend que ce soit là, dans l'administration de la fortune de l'état, le point sur lequel se fasse le plus vivement sentir la nécessité d'un contrôle efficace.

Jamais les esprits sérieux qui se sont occupés de finances n'ont condamné d'une manière absolue les crédits supplémentaires et extraordinaires. Ils ne se sont élevés que contre l'abus, recommandant la modération et subissant la nécessité. Toutefois, en l'absence de frein suffisant, l'abus avait pris de telles proportions qu'on a voulu y remédier. Tel est le but du sénatus-consulte du 31 décembre 1861. On ne pouvait changer la force des choses ; on a pensé qu'il suffirait de supprimer les crédits supplémentaires et extraordinaires et de les remplacer par des virements de crédit, car le mémoire affirme que « les circonstances les plus graves et les plus inattendues peuvent trouver des ressources dans notre vaste budget et donner le moyen d'attendre la réunion du corps législatif. » M. Fould dit encore ailleurs : « Telle était la pensée qui avait dicté les dispositions du sénatus-consulte du 25 décembre

1852, dispositions malheureusement modifiées par la loi du 5 mai 1855 et par le décret du 10 novembre 1856, qui ont exclusivement réservé les virements de crédits pour couvrir, après la première année de l'exercice, l'insuffisance des allocations. » Condamnant ces restrictions et voulant rendre possible l'application du nouveau système, M. Fould ajoute deux conditions que je reconnais indispensables à ce système : — d'abord que le budget soit bien fait, que tous les services y soient suffisamment dotés, que le corps législatif accorde, pour prix de la concession faite, un budget où les allocations soient en rapport avec les besoins réels ; — en second lieu, que le gouvernement, en faisant régulariser les virements de crédits devant le corps législatif, ait la faculté « de faire remplacer les fonds sur le chapitre auquel ils auront été pris. »

La première condition devait amener inévitablement et amènera en effet, comme le rapport l'annonce, un budget *présenté* avec de notables augmentations, afin que ce budget ait quelque chance de se régler en équilibre. La seconde condition fait craindre que la faculté de virement ne remplace les crédits extraordinaires, puisque ce n'est pas seulement de l'*excédant* des chapitres qu'on disposera par virement, mais bien du *disponible*, c'est-à-dire des fonds qui ne seront pas encore employés, mais qui seront nécessaires plus tard, et qu'il faudra bien remplacer. Il est très vrai qu'à la différence des crédits extraordinaires, qui sont tout à fait illimités, les virements devraient être limités à la somme totale du budget voté pour chaque ministère ; mais la faculté de *faire remplacer les fonds sur le chapitre auquel ils auront été pris* ne fera-t-elle pas dépasser le but ? Si les fonds pris sur un chapitre au moyen d'un virement pour faire face à des besoins imprévus sont indispensables aux services réguliers, s'il faut absolument les remplacer sous peine de désorganiser ces services, le corps législatif pourra-t-il refuser son consentement ? Un virement opéré dans ces conditions sera-t-il autre chose qu'un crédit extraordinaire déguisé, et la prérogative parlementaire sera-t-elle plus libre que dans le régime antérieur au sénatus-consulte ? Si, en présence de circonstances tout à fait exceptionnelles, la nécessité d'allocations extraordinaires se fait sentir au-delà de ce que pourra fournir l'exercice du droit de virement dans les limites du budget voté, que fera-t-on ? Faudra-t-il absolument convoquer le corps législatif, ou passera-t-on outre, sauf à demander ensuite un bill d'indemnité ? Le premier moyen entraîne des lenteurs qui le rendront parfois inapplicable, le second est fort dangereux ; il ouvre la porte aux exceptions. Une fois le premier pas fait, où s'arrêtera-t-on ? L'obligation de demander et d'obtenir en certains cas un bill d'indemnité n'avait déjà pas grande valeur quand, elle pesait sur des ministres responsables ; que sera-t-elle vis-à-vis de ministres placés dans d'autres conditions ?

Un autre motif encore peut donner aux virements une dangereuse élasticité. Le pouvoir ayant le droit de modifier par des décrets la répartition des chapitres dans les sections votées, de faire passer des services publics d'une section à l'autre et même d'un département ministériel à un autre département, le droit de virement reste sans limites autres que celles du budget même. Ceux qui ne trouvent dans cette division par sections qu'une garantie fort incomplète de la spécialité penseront également que le nombre et la nature fort diverse des chapitres compris dans la même section donnent au droit de virement une singulière étendue. En lisant le mémoire de M. Fould, on aurait pu croire par moment qu'il allait arriver à une conclusion bien différente de celle à laquelle il s'est arrêté. À diverses reprises, il a insisté avec une grande force sur la nécessité du contrôle législatif, cette première condition d'un sage et discret emploi des deniers de l'état [2]. C'est dans l'accomplissement de cette condition qu'est, à vrai dire, le nœud de la difficulté, et puisque M. Fould a si parfaitement reconnu cette difficulté, puisqu'il l'a si courageusement signalée, ne nous donne-t-il pas le droit de demander comment il comprend que la nouvelle législation rendrait le contrôle législatif plus efficace ? On aperçoit bien la volonté de restreindre les dépenses extra-budgétaires ; mais enfin si ces dépenses ont lieu par l'abus du droit de virement et du droit de proposer le remplacement des fonds enlevés à certains chapitres, que pourra faire le corps législatif de plus que ce qu'il faisait jusqu'à ce jour ? Il n'aura pas davantage la réalité du contrôle préalable, puisqu'il n'a ni le droit d'amendement ni le droit de rejet, si ce n'est par branches entières de service, ce qui rend le droit d'un usage bien difficile : il n'aura même pas la réalité de la libre sanction, puisque, quand on lui présentera des propositions de remplacement des fonds employés par virement au-delà des limites du budget, la dépense sera faite ou engagée. C'est dans la spécialité des dépenses qu'existe le seul contrôle réel, et cependant le mémoire affirme que « le retour à la spécialité aurait pour unique effet de déplacer la responsabilité en faisant intervenir le pouvoir législatif dans l'administration. » On dirait que deux courants contraires ont entraîné l'auteur du mémoire ; on dirait que, conduit dans un sens par ses propres raisonnements, il a été poussé dans un autre par quelque force secrète qui agissait sur lui, malgré lui ou à son insu ; on dirait qu'après avoir entrevu la voie qui menait au but, il s'est arrêté sur le seuil, ne pouvant ou ne voulant pas le franchir.

Le rapport à l'empereur du 20 janvier 1862 fait éprouver une impression semblable, car il s'y trouve le même mélange d'idées justes, de saines doctrines et d'expédients discutables. Au reste, M. Fould n'a pas à se plaindre de cette impression, puisque le public est assez disposé à lui attribuer le mérite de ce que ses plans ont de bon, et à mettre sur le compte d'obstacles qu'il aurait rencontrés ce que ces plans ont de défectueux. Le public se trompe rarement tout à fait, et je me borne à enregistrer son opinion, qui me mettra tout à l'heure plus à l'aise pour examiner le programme financier du rapport.

Ce qui a le plus contribué à l'exagération des crédits extraordinaires sous le régime actuel, c'est que jusqu'ici ces crédits ont été accordés par des décrets à chaque chef d'un département ministériel sans examen et sans discussion contradictoire avec ses collègues, souvent même sans que le ministre des finances apprît autrement que par *le Moniteur* des affectations des sommes considérables qu'il était obligé de fournir à bref délai. Cet état de choses, qui avait motivé des réclamations si vives et si réitérées, a été changé par le décret du 1er décembre 1861, rendu sur la proposition de M. Fould : « A l'avenir, aucun décret autorisant ou ordonnant des travaux ou des mesures quelconques pouvant avoir pour effet d'ajouter aux charges budgétaires ne sera soumis à la signature de l'empereur sans être accompagné de l'avis du ministre des finances. » Il est probable qu'on trouvera dans cette garantie plus d'efficacité que dans les dispositions mêmes du sénatus-consulte. Cette obligation imposée à tous les ministres donne incontestablement le rôle le plus important au ministre des finances, et fait de lui, dans le vrai sens plus que dans l'ancienne acception du mot, un *contrôleur général*. Cependant l'approbation qu'obtient cette disposition nouvelle peut, jusqu'à plus amples explications, n'être pas sans réserve, et voici pourquoi : d'abord ce n'est qu'un décret, qui peut être changé ou révoqué par un autre décret. Il ne paraît pas que rien eût empêché de donner à une prescription si utile le caractère que lui aurait imprimé son adjonction au sénatus-consulte du 31 décembre. En second lieu, la rédaction manque de clarté et de précision. Il aurait certainement mieux valu dire : « Aucun décret *autorisant un virement de crédit pour des travaux,…* » car on ne comprend pas ce que signifie l'interdiction d'ordonner par décret *des travaux ou des mesures pouvant ajouter aux charges du budget,* lorsqu'une disposition, devenue constitutionnelle par le sénatus-consulte du 31 décembre, soumet tous travaux et toutes mesures extraordinaires, auxquels on ne pourrait pourvoir par un virement, à la sanction obligatoire d'une loi. Toutefois, le décret du 1er décembre ne pouvant annuler les effets du sénatus-consulte du 31, on est autorisé à n'y voir que ce qui doit s'y trouver. Enfin, remarque non moins digne d'attention, pour soumettre des crédits à l'approbation de l'empereur, les autres ministres n'auront à prendre que l'*avis* du ministre des finances. Espérons que le désir seul de prévenir des susceptibilités a empêché d'exiger *son assentiment,* et qu'il n'en sera pas autrement dans la pratique.

L'innovation la plus considérable, la plus heureuse, dont il est permis d'attendre des effets durables, a été proposée à l'approbation de l'empereur par M. Fould dans son rapport du 20 janvier *Le budget sera divisé en budget ordinaire et en budget extraordinaire.* Cette division existait déjà, ou à peu, près, quant au budget des dépenses : , elle n'existait pas pour les recettes. « Je propose à votre majesté, a dit M. Fould, d'établir cette distinction entre les dépenses de natures diverses comme règle de la préparation du budget, et de renfermer les dépenses extraordinaires dans une loi à part, *en leur affectant des ressources spéciales et définies* qui auront, comme les charges auxquelles elles sont destinées à faire face, un caractère temporaire. » Trop d'éloges ne peuvent être donnés à une semblable mesure : appliquée plus tôt, elle aurait prévenu de fâcheux mécomptes ; elle serait utile aux gouvernements les plus libres, à ceux où le contrôle des représentons du pays est le mieux assuré, car elle donne de puissants moyens soit de résister aux goûts aventureux et aux fantaisies ruineuses, soit de répondre victorieusement aux plaintes de ceux qui regretteraient de ne pas voir imprimer aux travaux publics une assez vive impulsion. Désormais chacun saura non-seulement que quand on dépense il faut payer, mais, avant de dépenser, chacun devra chercher avec quoi on pourra payer. Il était commode d'ordonner des dépenses souvent utiles sans être indispensables, quelquefois populaires sans être utiles, de renvoyer par une formule banale aux *ressources de la dette flottante* le soin d'y pourvoir. Les formes dans lesquelles sera présenté et voté le budget extraordinaire ne sont pas encore indiquées. Si, comme le budget ordinaire, il est voté par grandes sections, si aucune modification aux propositions, du gouvernement ne peut être admise sans le consentement du conseil d'état, la nouvelle organisation perdra une très grande partie de sa valeur. Tout gouvernement est certainement intéressé à ne proposer que des dépenses utiles ; mais enfin personne n'est infaillible en ce monde. Qu'adviendra-t-il si, parmi ces dépenses, il s'en trouve que le corps législatif veuille ajourner ou supprimer ? Il adviendra ce qui est déjà souvent arrivé [3]. Lorsque, sur dix propositions, une seule sera mauvaise, on laissera passer la mauvaise plutôt que de repousser les neuf bonnes. Le premier écueil à éviter sera l'introduction dans le budget ordinaire de dépenses dont le caractère obligatoire pourrait être contesté. Une fois l'habitude prise, le risque serait grand de voir ces dépenses acceptées sans discussion. Le propre d'un budget ordinaire bien préparé est de ne comprendre que les sommes nécessaires à la bonne administration des affaires publiques, à l'entretien des travaux exécutés et à la défense du territoire, laissant au budget extraordinaire le soin de pourvoir aux travaux neufs et aux armements motivés par des circonstances exceptionnelles.

Ici s'arrêterait l'examen de la partie du programme qui a trait à la législation financière proprement dite, s'il ne convenait, ce me semble, d'y faire entrer la conversion facultative de la rente 4 1/2 pour 100, mesure dont les effets s'étendront sur l'avenir plus encore qu'ils ne se feront sentir sur le présent. Dans cet ordre d'idées, il faut encore donner le pas à la dette flottante sur la conversion, car c'est le désir de diminuer le chiffre de la dette flottante qui a certainement amené le projet de conversion. Ce projet, qui prête tant à la critique, ne trouverait pas ailleurs de justification possible.

Casimir Perier

La dette flottante est de 963 millions. Ce chiffre était vrai sans doute lorsqu'on l'a écrit ; il ne l'est déjà plus aujourd'hui. Tous les jours se font d'énormes dépenses pour lesquelles aucunes ressources n'ont pu être prévues ni préparées. À l'expédition de Cochinchine vient s'ajouter celle du Mexique. Les conventions faites entre les puissances alliées pour les frais de cette dernière expédition ne sont pas connues ; mais jusqu'ici, et sauf règlement ultérieur, c'est nous qui en supportons la plus lourde part. Des réparations nous étaient dues et paraissent nous avoir été refusées : notre gouvernement a raison de les exiger ; mais les moyens sont coûteux. Les échanges de la France avec le Mexique, importations et exportations réunies, n'atteignent pas annuellement 20 millions. Il faudra bien du temps avant que nous ayons trouvé dans les bénéfices d'un commerce si restreint la compensation de nos sacrifices [4].

Qu'on applique à la diminution de la dette flottante la totalité des ressources que peut procurer la conversion, il n'en restera pas moins évident qu'avant longtemps, et par le concours de causes multiples, elle aura de nouveau atteint, sinon dépassé, les proportions actuelles. J'aurais jugé inutile de discuter sur la part faite aux anciens gouvernements dans la charge de la dette flottante, car je sais que les liquidations sont toujours onéreuses lorsqu'elles se font pour le compte d'autrui, et les discussions rétrospectives ne servent de rien quand les preuves sont faites depuis longtemps. Toutefois il est si singulier d'entendre sans cesse répéter que la dette flottante, à la chute de la monarchie parlementaire, atteignait à peu près les proportions actuelles, il est si surprenant de retrouver cette assertion dans des documents officiels, que je crois indispensable de rétablir encore une fois la vérité.

Le compte officiel des finances pour 1847, publié en mai 1848, sous les yeux de l'administration républicaine, fixa dès lors le chiffre de la dette flottante, au 1er janvier 1848, à 630 millions. C'est le chiffre dont la vérité fut démontrée jusqu'à la dernière évidence dans deux écrits publiés en 1848 et en 1849 par M. Vitet et par M. Dumon [5]. Tous deux admettaient que, du 1er janvier au 24 février 1848, les émissions de bons du trésor et les traites fournies par le caissier central avaient pu élever le total de la dette flottante aux environs de *sept cents millions*, y compris l'arriéré des gouvernements antérieurs. Ce chiffre est précisément celui que j'appuierai d'une autorité qui ne semblera pas suspecte, c'est celle d'un sénateur, du chef d'un des principaux établissements de crédit fondés depuis l'empire, d'un homme dont le témoignage ne saurait être récusé en matière de comptabilité. En 1848, M. le marquis d'Audiffret [6]adoptait ce chiffre de *sept cents millions*, mais voici plus encore que des autorités personnelles, plus que des appréciations faites ou que des comptes publiés sous d'autres gouvernements. J'ouvre le dernier compte général de l'administration des finances, celui de 1860, et j'y trouve, page 449, le chiffre de la dette flottante au 1er janvier 1848 fixé à 630,793,609 fr. 63 c. Jamais, de 1831 à 1848, la dette flottante n'était montée si haut ; jamais, depuis 1852, elle n'est descendue si bas. Elle est en ce moment de 333 millions plus élevée qu'elle ne le fut jamais sous la monarchie constitutionnelle. Comment donc, se demandera-t-on, s'expliquent de pareilles divergences ? En vérité, je n'en sais rien ; mais je suppose qu'on fait encore ce que tenta de faire un ministre de 1848 : on mettrait à la charge de la dette flottante les fonds qui avaient été déposés à la caisse d'épargne. Ces fonds s'élevaient à 355 millions ; mais 290 millions avaient, en vertu d'autorisations législatives, été placés en rentes et autres effets publics, soit par des achats opérés sur la place, soit par des consolidations. 65 millions seulement, restés dans les caisses du trésor, avaient été employés à l'acquit des dépenses publiques ; 65 millions figuraient donc seuls et devaient seuls figurer dans la dette flottante. Il y avait en outre un actif de valeurs à recouvrer, entre autres 159 millions dus par les compagnies de chemins de fer. — Ne pas porter l'actif du trésor au crédit de la dette flottante, ce serait en sens inverse agir comme si, dans l'évaluation des fortunes privées, on tenait les individus pour également riches en les jugeant sur les apparences et sans s'occuper de ce qu'ils doivent. Pour faire des comparaisons, il faut les faire complètes et embrasser du même coup d'œil tout l'ensemble d'une situation. Voici donc le bilan du gouvernement parlementaire :

La restauration [7] avait laissé une dette totale de	202,381,180 fr.

de rentes, sur lesquelles l'amortissement possédait	37,813,080
Les rentes *actives*[8] s'élevaient donc au 1er août 1830 à	164,568,100 fr.
Au 1er mars 1848, le total de la dette active était de	176,845,367 fr.
Elle ne s'était donc accrue en dix-huit ans que de 12,277,267 fr. Le total des rentes inscrites au budget de 1862 s'élève à	359,954,895 fr.
En déduisant les rentes qui ne figurent que pour ordre	43,332,881
Il reste pour les rentes actives	316,622,014 fr.
Il faut y ajouter, pour la conversion prochaine des obligations trentenaires,	10,000,000
Total des rentes actives de la dette consolidée	326,600,000 fr.
Ces rentes s'élevaient au 1er mars 1848 à	176,800,000
Elles ont donc augmenté en treize ans de	149,800,000 fr.
Il y a lieu d'imputer à la période de 1848 a 1852	53,000,000
L'augmentation depuis 1852 est de	96,800,000 fr.

Ainsi, depuis 1848, la dette active s'est accrue de plus de 149 millions de rentes annuelles, et la dette flottante est de 300 millions plus forte[9]. Dans le même espace de temps, les budgets annuels se sont élevés de 1 milliard 400 millions à 2 milliards. C'est l'ensemble de cette situation qui a frappé les esprits prévoyants, et qui a fait sentir à l'empereur et à M. Fould la nécessité absolue d'une réforme.

Je n'ai jamais fait, je continuerai à ne pas faire à l'administration financière proprement dite un grand reproche de l'élévation de la dette flottante. C'est à tout l'ensemble de la politique intérieure et extérieure que cette élévation est imputable ; ceux qui pensent autrement risquent de prendre l'effet pour la cause, et pourraient se laisser entraîner à chercher les remèdes ailleurs que là où ils existent. Peu de gens dans le public qui n'est pas celui des affaires se rendent un compte exact de ce qu'est la dette flottante, et du rôle qu'elle joue dans nos finances. Il en résulte des erreurs singulières, et le mémoire à l'empereur a pu contribuer, à l'insu et contre le gré du ministre des finances, à accréditer quelques-unes de ces erreurs. Quand on sait ce dont on parle, il arrive souvent qu'on ne l'explique pas assez à ceux qui devraient peut-être le savoir, mais qui ne le savent pas. En entendant constater un déficit, des découverts de 1 milliard, beaucoup de ceux qui lisent *le Moniteur*, — un plus grand nombre encore de ceux à qui, sur toute l'étendue du territoire, n'en parvient qu'un écho lointain et parfois infidèle, — ont pu s'imaginer toute autre chose que la réalité, croire à la constatation subite de graves erreurs ou d'un emploi irrégulier des deniers publics. Ceux-là ignorent que l'élévation de la dette flottante n'est que l'indice d'une situation, n'est que le reflet des budgets, et que l'augmentation anormale de cette dette prouve tout simplement qu'on a dépensé plus que n'ont produit les recettes, et qu'on n'a pas assez emprunté en rentes pour parfaire la différence. La dette flottante représente donc, outre l'arriéré imputable au passé, la partie non consolidée des excédants de dépenses sur les recettes, dépenses faites en vertu de crédits extraordinaires accordés en dehors des budgets. Il est fait face à ces besoins et à ces dépenses au moyen de diverses ressources permanentes ou transitoires : fonds des communes et établissements publics, de la caisse des dépôts et consignations, de la caisse d'épargne, avances des receveurs-généraux, cautionnements en numéraire. Ces prêts, ces dépôts, non exigibles à courte échéance, ou qui se reproduisent et se succèdent d'une manière à peu près normale, sauf dans les grandes crises, forment, si l'on peut s'exprimer ainsi, la portion fondée de la dette flottante. Cette portion de la dette ne peut pas ne pas exister. La partie mobile est destinée à garantir le service de trésorerie ; elle s'alimente au moyen des bons du trésor, des traites du caissier central sur lui-même, des comptes-courants avec des établissements de crédit, etc. Il y a inconvénient, il peut y avoir gêne et dommage, quand cette portion exigible devient assez considérable pour que, dans un moment de crise, le trésor soit exposé à manquer à ses engagements, ou qu'il ne puisse se libérer que par un recours immédiat et onéreux à un crédit qui fait payer ses services d'autant plus cher que le besoin s'en fait plus vivement sentir.

Casimir Perier

Ce serait donc en lui-même un inconvénient passager que l'élévation de la dette flottante, si l'on avait la facilité de l'emprunt en rentes, comme l'avait en novembre 1847 un gouvernement qui en dix-huit années n'avait pas ajouté 12 millions de rentes à la dette consolidée. — Il en serait de même, si à défaut d'emprunt on annonçait l'intention de réduire les dépenses de façon à appliquer des excédants de recettes à l'extinction successive de la dette du trésor. Malheureusement aucun de ces deux remèdes ne semble devoir être employé. Le gouvernement pense (et personne ne le blâmera) qu'il a beaucoup emprunté, et quant aux économies M. le ministre des finances ne peut nous en promettre, bien que personne ne doute qu'il en ait souhaité. Eh bien ! malgré tout, je dirai encore qu'il faut presque se réjouir que le chiffre des découverts ait donné l'éveil, puisque ces découverts sont certainement pour beaucoup dans la pensée première d'une tentative de réforme financière.

M. Fould ayant résolu de réduire la dette flottante, trois moyens s'offraient à lui : l'économie, l'impôt, l'emprunt.

L'économie ne lui semble probablement pas praticable ; l'impôt doit faire face à l'insuffisance des recettes ordinaires et aux nécessités du budget extraordinaire : il a donc recours à l'emprunt, car la conversion facultative, telle qu'elle est offerte aux rentiers, n'est qu'une forme assez onéreuse de l'emprunt. L'état dit à ses créanciers [10] : Je vous dois 173 millions de rentes annuelles en 4 1/2 pour 100 au capital nominal de 3 milliards 800 millions ; je voudrais convertir cette dette en une somme égale de rentes 3 pour 100 au capital nominal de 5 milliards 766 millions. Je n'attends pas l'époque où j'aurais le droit et la possibilité de vous obliger à opter entre la réduction de l'intérêt et le remboursement du capital au pair, et je vous offre un marché, je désire que vous l'acceptiez ; il sera d'ailleurs avantageux pour vous. Je donnerai à chacun de vous, en 3 pour 100, la même somme de rentes qu'il possède en 4 1/2 ; seulement, comme ces rentes nouvelles au cours respectif des deux fonds représenteront un capital réalisable plus élevé en 3 pour 100 qu'en 4 1/2, je ne puis vous en faire l'entier abandon, et nous en partagerons la différence. Trois francs de rentes 3 pour 100 au cours de 72 francs par exemple fixent le prix de 4 fr. 50 de rente à moitié en sus, c'est-à-dire à 108 francs ; j'aurai bientôt le droit de vous rembourser, moyennant 100 francs, vos 4 fr. 50 de rente 4 1/2 pour

100 ; partageons les 8 francs. » Tel est le plan de M. Fould ; il ne reste à déterminer que la part qu'il veut faire à l'état et aux rentiers dans la différence. Cette part dépendra forcément du cours de la rente 3 pour 100, qui, jusqu'ici et par suite de ventes considérables, n'a pas encore atteint le taux qui faciliterait la conversion.

Une telle proposition, a dû se dire M. le ministre des finances, est simple, avantageuse ; elle sera acceptée par le plus grand nombre. — Son attente peut être trompée pour plusieurs motifs : d'abord il ne faut pas oublier que la consolidation des livrets de la caisse d'épargne en 1848 et les emprunts par voie de souscription nationale ont mis une bonne part de la rente 4 1/2 pour 100 dans les mains de gens qui savent peu ou qui ne savent pas du tout ce que c'est que le crédit public, la rente et les différences de cours entre les divers fonds. Beaucoup de ces gens-là croient fermement qu'il est impossible qu'un capital placé en 3 pour 100 rapporte à peu de chose près le même intérêt qu'un capital placé en 4 1/2 ; ils seraient persuadés qu'on se moque d'eux, si on cherchait à le leur démontrer. Ce qui prouve que, quand on s'adresse au public pour lui demander quelque chose, il faut tenir grand compte de ses préjugés et de sou ignorance. A. cette première catégorie s'ajoute celle, fort nombreuse aussi, des petits rentiers qui, prêts à accepter la conversion soit parce qu'ils se sont laissés convaincre, soit parce qu'ils ont confiance en ceux qui la leur offrent, en sont empêchés faute de pouvoir payer la soulte sur leurs économies antérieures, ou faute de pouvoir, même avec de grandes facilités pour les termes de versement, prélever cette soulte sur un revenu qui suffit à peine au strict nécessaire. Auprès de ceux-là, la conversion aurait eu plus de chances de réussir, si on leur avait laissé le choix entre le paiement de la soulte et une réduction d'intérêt, si par exemple, au lieu de leur demander 6 francs de soulte pour 4 fr. 50 c. de rente, on leur avait offert 4 1/4 pour 100 en 3 pour 100, ce qui revient au même lorsque le 3 pour 100 est à 72 fr. (1/4 pour 100 valant alors 6 fr.). Écartons ces deux premières catégories de rentiers, car on peut répondre que les détenteurs qui n'apprécieront pas les avantages de la conversion ou qui ne pourront pas en profiter garderont leur 4 1/2 pour 100, ou le vendront à de plus riches ou à de mieux avisés qui le convertiront. Quels sont en majorité les autres porteurs de 4 1/2, fonds essentiellement immobilisé et peu recherché des spéculateurs ? Ce sont des établissements publics et de bienfaisance jusqu'à concurrence de 35,600,000 francs de rente, des femmes mariées sous le régime dotal, des mineurs, des possesseurs de majorats, etc. L'état pourra envers les premiers user de ses droits ou de son influence ; mais y aura-t-il beaucoup de maris, beaucoup de tuteurs, qui paieront la soulte pour leurs femmes ou pour leurs pupilles ? Très probablement la plupart aimeront mieux attendre sans se trop effrayer de la menace de remboursement suspendue sur leur tête. Une conversion obligatoire est difficile en ce moment ; elle nécessiterait un emprunt considérable, car elle ne pourrait manquer démener de nombreuses demandes de remboursement, grâce à la grande facilité et à la grande sécurité de remplois avantageux en obligations [11] ou en autres valeurs qui n'existaient pas en 1852, lors de la conversion du 5 pour 100. Une très grande hausse de ces valeurs, hausse qui pourrait seule empêcher les demandes de remboursement, n'est guère probable, car tout le monde sait que les compagnies de chemins de fer ont à émettre, dans un délai rapproché, pour plusieurs centaines de millions d'obligations. N'oublions pas que certains avantages très réels, et sur lesquels on compte pour déterminer les rentiers, sont de peu de valeur aux yeux de beaucoup d'entre eux. Celui qui vit de son revenu attache peu d'importance aux calculs d'intérêt basés sur la différence des époques d'échéance ; il touche ses dividendes, les garde, les dépense au fur et à mesure de ses besoins, et ne les place guère pour leur faire rapporter intérêt. Beaucoup de rentiers, loin d'apprécier le paiement par trimestre, regretteront d'avoir à se déplacer quatre fois par an au lieu de deux. Les gros capitalistes, les spéculateurs goûteront seuls une innovation qui ne laissera pas de constituer une charge assez lourde pour le trésor.

Voilà une partie des raisons qui peuvent faire supposer que la conversion ne réussira que dans une certaine limite. Maintenant, au point de vue de l'intérêt de l'état, pourquoi s'être hâté ? pourquoi n'avoir pas attendu un moment plus favorable ? N'est-ce pas payer bien cher 100, 120, 150 millions peut-être qu'on se procurera par le paiement des soultes que de renoncer à effacer plus ou moins prochainement du grand-livre de la dette publique le neuvième de 173 millions de rentes, soit 19 millions, et de dépouiller l'avenir du droit d'en effacer un jour 38 millions encore ? Qui oserait en effet affirmer que ces conversions successives, ramenant peu à peu le 4 1/2 à devenir du 3 pour 100, ne seront pas possibles avant la fin du siècle ? L'état ne doit pas raisonner comme les individus ; le nom seul de rentes perpétuelles indique qu'il faut songer à l'avenir. C'est une grave détermination que la conversion actuelle, c'est emprunter à gros intérêts ; c'est, suivant l'expression d'un écrivain avec lequel je me rencontre dans plus d'un de mes jugements, « c'est vendre son droit d'aînesse pour un plat de lentilles. »

L'honorable M. Gouin, dans son rapport au corps législatif, trouve que la conversion, telle qu'elle est proposée, procurera à l'état une économie, attendu que la soulte à recevoir, ne coûtant rien, équivaudra à l'économie annuelle de l'intérêt de même somme. Il m'est impossible de partager cette opinion, et voici le raisonnement que j'oppose à celui de M. Gouin. Si les 173,405,534 francs de rente 4 1/2 pour 100 étaient convertis, et que la soulte fût de 6 fr. par 4 fr. 50 c. [12] de rente, l'état recevrait environ 230 millions (pour 38,534,563 inscriptions). Dans le cas où l'état emprunterait ces 230 millions en 3 pour 100 à 70 francs, il aurait à payer environ 9,800,000 fr. d'intérêts annuels ; mais la conversion obligatoire du 4 1/2 pour 100, le jour où elle aurait pu s'opérer, aurait fait disparaître du grand-livre le neuvième des rentes 4 1/2 pour 100, soit 19,267,281 fr. La différence constitue l'état en perte annuelle de 9,400,000 fr., sans parler du bénéfice des conversions futures. L'économie ne s'applique qu'au moment actuel, qu'à l'intervalle qui nous sépare du jour où s'opérerait une véritable conversion. La charge est pour toujours, l'économie pour quelques mois ou quelques années.

Je ne crois pas qu'on soit fondé à faire valoir les avantages de l'unification de la rente, ni à compter beaucoup sur cette unification pour lui donner une grande élasticité et lui permettre de prendre un nouvel essor. Avant 1848, malgré la menace d'une conversion plus ou moins prochaine à laquelle la chambre des députés se montrait favorable, le 5 pour 100 avait dépassé 123 fr. et le 3 pour 100 85 fr. Il n'y a pas si longtemps de cela qu'on l'ait déjà oublié ; mais il y avait pour l'élévation des cours des raisons qui n'existent plus aujourd'hui. L'une des causes de la dépression actuelle de la rente, c'est la concurrence d'autres valeurs excellentes, surtout des obligations de chemins de fer. Ces obligations, au taux actuel, rapportent un intérêt plus élevé et offrent une sécurité égale, sinon supérieure, puisque à la garantie de l'état elles joignent une hypothèque.

Je me suis soigneusement abstenu de parler de ce qui se passe à la Bourse. C'est le propre de toute grande opération financière que de causer des pertes aux uns et d'être pour les autres une source de profits. Dans une certaine mesure, cela est inévitable. De vives critiques se sont élevées dans le corps législatif contre les efforts qui sont faits par le trésor pour soutenir les cours de la rente, que des ventes nombreuses tendraient à déprimer. M. le président du conseil d'état n'a rien nié. Il s'est contenté d'atténuer et de citer des précédents. Il a soutenu que l'intervention du gouvernement n'avait pour but que de combattre l'agiotage. Il voit l'agiotage dans les ventes effectuées par les porteurs de rentes ; il n'en trouve pas dans les achats opérés. Je veux rester en dehors de ce débat, dont l'opinion publique sera juge ; je ne ferai qu'une seule observation. Si on était obligé de débourser en achats de rentes, soit directement, soit par des intermédiaires, autant ou plus peut-être que ce que produirait le paiement des soultes dues pour les rentes converties, qu'aurait-on gagné ? On aurait immobilisé pour un temps plus ou moins long un capital considérable, car il serait difficile de revendre à court délai les rentes rachetées ; ces rentes figureraient à l'actif de la dette flottante, mais en diminuant les ressources disponibles. Mieux valait peut-être emprunter que de chercher à se procurer des ressources par des moyens si dispendieux et si peu assurés.

Et qu'on ne réponde pas : « Quand on emprunte, vous vous plaignez ; quand on n'emprunte pas, vous vous plaignez encore. » Oui, on a blâmé, on blâmera toujours le recours trop fréquent à l'emprunt, quand il ne sera pas d'une Indispensable nécessité pour des entreprises où sont engagés les intérêts et l'honneur d'un pays ; oui, le recours trop fréquent à l'emprunt est désastreux pour des fantaisies, pour des aventures, pour des dépenses peu profitables ; l'emprunt, c'est la charge du présent rejetée sur l'avenir ; l'emprunt, c'est la porte ouverte aux entraînements et aux illusions, car l'emprunt dissimule la vérité à une nation, tandis que l'impôt, qui se paie tous les jours, l'avertit et l'éclaire. Mais s'il s'agit de solder le bilan du passé, de sortir d'une situation embarrassée, l'emprunt est le moyen le plus simple et le plus rapide. Nul ne se plaindrait qu'on s'en servît au lieu de perpétuer les découverts ou d'engager l'avenir d'une façon plus grave encore.

Pour faire face à une insuffisance de recettes comme pour liquider un arriéré se présentent toujours les mêmes moyens, entre lesquels on peut choisir, ou dont on peut combiner l'emploi : l'économie. l'emprunt, l'impôt. De ces trois moyens, le premier, le meilleur, est celui dont le rapport parle le moins, car on ne peut appeler *économie* la réduction promise des dépenses résultant d'arméniens extraordinaires motivés par la guerre, et dont la paix doit soulager l'état. Est-il probable que sur un budget de plus de 2 milliards aucune économie ne puisse être proposée ? Évidemment non ; il faut donc, attendre la présentation du budget de 1863 pour porter un jugement définitif, car il ne serait pas équitable de considérer nécessairement comme une charge nouvelle les 70 millions ajoutés au total du budget, afin de prévenir les allocations supplémentaires. Si l'on jette un coup d'œil en arrière, on jugera que les contribuables devraient s'estimer heureux qu'il fût possible de traiter à forfait pour la somme demandée par M. Fould. Dans l'état actuel des choses, il convient donc d'attendre les propositions du prochain budget. Lorsque dans le règlement des dépenses de l'état les représentants de la nation ne peuvent imposer par leur volonté les économies qui leur semblent réalisables sur le détail des services publics, c'est au gouvernement qu'incombe le devoir et qu'appartient l'honneur de prendre l'initiative. Au moment où il cède à la nécessité d'augmenter les impôts, il est de son intérêt de faire les plus sincères efforts pour alléger les charges de tous. Les compensations qu'il pourrait être tenté d'offrir auront toujours moins de valeur morale que les sacrifices qu'il accomplira sur lui-même. Surimposer les uns pour faire trouver leur part du fardeau moins lourde aux autres ne serait pas seulement une mauvaise politique, ce serait une atteinte funeste aux principes salutaires qui doivent servir de guides dans l'assiette et la répartition de l'impôt.

La justice s'oppose à ce que l'on reproche personnellement à M. Fould le recours à de nouveaux impôts ou l'augmentation d'impôts existants. Il n'est pas responsable d'une telle nécessité, et c'est la nature, le caractère seuls des impôts ajoutés ou augmentés, qui feront ici l'objet de quelques réflexions. Lors de la dernière réforme économique, il n'a pas manqué de gens qui conseillaient de ne procéder aux dégrèvements qu'avec lenteur et circonspection. Après avoir vu leurs avis dédaigneusement accueillis, ils n'attendaient pas et surtout ne désiraient pas la triste satisfaction d'avoir si tôt raison. Il n'y a pas deux ans de cela, et mieux valait abandonner alors un peu moins pour n'avoir pas tant à reprendre. Le commerce et l'industrie souffrent de ces fluctuations plus encore que les contribuables ; rien ne prospère dans l'incertitude et l'instabilité ; l'agitation n'est pas le progrès. Il est encore heureux qu'une ardeur trop vive à engager la France par des conventions diplomatiques sur lesquelles elle n'était point consultée n'ait pas réussi à faire aliéner plus complètement la liberté de ses tarifs douaniers ; mais il est triste que ce soit du pays qui a le plus profité de nos concessions que nous vienne cette leçon : « Parmi les désavantages des traités de commerce, il faut compter celui-ci, — que les nations perdent le droit, du moment qu'elles sont signataires d'un traité, d'établir leur revenu comme il leur plaît. C'est ce que nous avons toujours dit en Angleterre, et la France en fait aujourd'hui l'expérience [13]. » Lord Palmerston expliquait (dans la séance de la chambre des communes du 23 janvier 1860) que, si le gouvernement anglais s'était décidé à signer un *traité de commerce* c'est que la constitution française permettait au souverain de concéder par convention diplomatique des modifications de tarifs que le corps législatif n'aurait probablement pas sanctionnées. Lord Palmerston prenait soin d'ajouter que la France était désormais liée, mais que le gouvernement anglais restait libre tant qu'il n'aurait pas obtenu l'assentiment des deux chambres.

Ce rapprochement porte un enseignement qui ne devrait pas être perdu. Le gouvernement français négocie en ce moment même des traités de commerce avec d'autres pays ; les premiers résultats du traité avec l'Angleterre l'amèneront certainement à consulter plus que jamais les hommes pratiques avant d'engager l'avenir. On ne sait pas généralement assez combien se sont peu réalisées jusqu'ici les espérances qu'avait fait naître l'abaissement des droits anglais sur nos vins et nos eaux-de-vie ; ce résultat peut être attribué en partie au mode anglais de tarification calculé d'après le degré d'alcoolisation, et dont les effets sur nos vins du midi n'ont pas été prévus. Le recueil officiel des *documents commerciaux* vient de donner le tableau des principales marchandises exportées et importées en 1861 ; nous y voyons que nos exportations de vins pour l'Angleterre, qui n'étaient en 1859 que de 49,000 hectolitres, qui s'étaient élevées en 1860 à 130,600, sont retombées en 1861 à 95,000, ne gagnant sur 1859 que 46,000 hectolitres [14]. Les eaux-de-vie, qui avaient atteint 130,000 hectolitres en 1859, sont tombées en 1860 à 69,000, et n'ont remonté, en 1861, qu'à 75,000 hectolitres, offrant ainsi une réduction de 55,000 hectolitres sur la période antérieure au traité. 46,000 hectolitres de vins en plus, 55,000 hectolitres d'eaux-de-vie en moins, voilà jusqu'ici sur les boissons les effets du traité ; elles ont perdu au lieu de gagner. Par contre, l'importation des fontes anglaises, qui était pour 1859 de 265,000 quintaux métriques, a été pour 1861 de 961,000, présentant une augmentation de près de 300 pour 100. Les tissus de laine, admis seulement depuis le mois d'octobre, ont été apportés sur notre marché pour une valeur de 16 millions en trois mois. Ces importations coïncident malheureusement avec le ralentissement des affaires. Le travail est fort diminué, et les salaires ont baissé de 30 pour 100 dans nos départements du nord. Quant à l'industrie du coton, la guerre d'Amérique lui fait une position tout exceptionnelle, et il est impossible de tirer des faits actuels des inductions pour l'avenir. Ce qui est certain, c'est que nos exportations pour l'Angleterre n'ont rien gagné encore, sont restées stationnaires ou ont diminué, comme les articles de modes et de luxe, les soieries, les produits de l'industrie parisienne, etc. tandis que toutes les importations anglaises ont augmenté.

Dans un discours prononcé à Leith le 11 janvier dernier, M. Gladstone, se félicitant des résultats produits par le traité de commerce avec la France, compare un trimestre de 1860, — septembre, octobre et novembre, — au même trimestre de 1861 [15].

Exportations anglaises pour la France dans le trimestre de 1861.	3,017,000 liv. st.
— — dans le trimestre de 1860.	1,517,000
Différence en plus pour 1601	2,100,100 liv.st. [16]

M. Gladstone fait observer qu'une partie de cet excédant peut s'appliquer aux quantités exceptionnelles de céréales ; mais il ajoute que ces quantités n'ont pas exercé une notable influence sur le résultat général. C'est dans les exportations de l'Angleterre pour la France une augmentation annuelle d'environ 200 millions, et il est probable que nous n'en resterons pas là. Avant le traité, nous vendions à l'Angleterre pour 690 millions de produits de notre sol et de notre industrie ; nous recevions d'elle pour 270 millions de matières premières et d'objets manufacturés [17]. La situation antérieure au traité est donc complètement changée.

Le gouvernement français, trouvant une excuse dans la nécessité, ne recule pas devant l'abandon d'une partie du programme économique de l'année dernière, et propose de relever le droit sur les sucres : il aurait pu, s'il avait été libre, réviser quelques-uns de nos tarifs, moins encore au point de vue des droits à percevoir que pour rendre aux ouvriers de plusieurs de nos industries le travail qui leur fait défaut. Ce n'est pas qu'il faille voir dans le traité de commerce l'unique cause du ralentissement dont souffre le travail national. Il est évident que la crise générale, les inquiétudes que donne la situation financière le renchérissement du crédit, le déficit de la récolte, les affaires d'Amérique, ont pris une grande part à ce fâcheux résultat. Il faut remarquer toutefois que, par suite du traité de commerce, nous avons reçu à la fois le coup et le contrecoup : non-seulement nos exportations pour les États-Unis se sont arrêtées, mais l'ouverture de notre marché aux produits anglais leur a permis d'y venir chercher le débouché qui leur était également fermé de l'autre côté de l'Atlantique. « Je ferai observer (nous citons encore M. Gladstone) que, dans mon opinion, c'est un bénéfice national d'un ordre non commun qu'à l'instant même où notre population ouvrière était privée de travail, elle ait été assez providentiellement favorisée pour que la mise en vigueur du nouveau tarif avec la France vînt, sinon combler ce vide, du moins en remplir plus de la moitié, car si nous avons vu notre commerce avec les États-Unis diminuer de 3 millions sterling dans le dernier trimestre de 1861, notre commerce avec la France s'est, dans le même espace de temps, accru de 2 millions sterling [18]. »

Le total des droits perçus à l'importation ne s'est élevé en 1861 qu'à 126 millions au lieu de 189 millions en 1859 ; c'est pour le trésor une perte de 63 millions, à laquelle il faut ajouter 27 millions sur le sucre indigène, ensemble 90 millions, réduits à 76 millions, si on tient compte de 14 millions de diminution dans les primes à l'exportation des sucres. — Le programme économique aurait donc coûté 76, millions au trésor, La surtaxe de 1860 sur les tabacs et les alcools a rendu environ 50 millions :

Ci	50,000,000 fr.
M. le ministre des finances propose de reprendre :	
Sur le sucre	20 000 000
Sur le sel	33,000,000
Total	112,000,000 fr.
Les autres impôts augmentés ou établis à nouveau produiront :	
Pour l'impôt sur les chevaux et voitures	5,500.000. fr.
Pour le nouveau droit fixe d'enregistrement.	10,000,000
Pour le nouveau droit proportionnel.	10,000,000
Pour le timbre	9,500,000
Pour les bordereaux d'agents de change	1,200,000
Pour les factures et quittances	12,500,000
	48,700,000 fr.
Ajoutant pour le tabac, l'alcool, le sucre et le sel comme on l'a vu plus haut	12,000,000
Le total des augmentations depuis la réforme économique s'élèverait à	160,700,600 fr.
En déduisant les réductions opérées en 1861, soit	76,000,000
Il ressort une augmentation définitive de	84,700,000 fr.

Enfin, pour procéder dans ce calcul avec une exactitude rigoureuse, si le corps législatif adopte, si le sénat ne repousse pas le dégrèvement sur la contribution personnelle mobilière, il y aura lieu de déduire	5,000 000
LE total des augmentations depuis la réforme économique,	
toutes compensations, faites, sera de	79,500,000 fr.

Les augmentations ; proposées dans les taxes pour l'exercice 1863 sont, comme nous l'apprend le rapport, applicables aux recettes du budget ordinaire pour 50 millions environ, et à celles du budget extraordinaire pour 62 millions. À ces dernières, M. Fould ajoute 67 millions provenant : 10 millions de l'indemnité chinoise, 57 millions 500,000 francs du solde disponible des obligations trentenaires émises en 1861.

Les nouveaux impôts sont-ils destinés à se perpétuer ? Ont-ils tous un caractère qui permette d'en approuver l'assiette, tout en regrettant qu'ils soient nécessaires ? Sur le premier point, M. Fould partage les espérances invariables de tous ceux qui sont obligés de demander de nouveaux sacrifices ; il croit qu'une partie au moins des nouvelles taxes, celles sur les sels et les sucres, ne sera que temporaire. Il leur laisse le nom de *ressources extraordinaires* ; mais nous avons fort à craindre que ce ne soit là qu'une espérance. Ce serait un spectacle nouveau en France que de voir diminuer les budgets. Le budget extraordinaire de 1863 comprend 67 millions de recettes accidentelles qui ne se renouvelleront plus, et il semble que cela seul fait prévoir plutôt une augmentation qu'une diminution des taxes destinées à fournir des ressources à ce budget. Parmi les moyens auxquels M. Fould a recours pour équilibrer le budget ordinaire, plusieurs ont un côté regrettable. Je passerai rapidement sur le timbre et sur le droit d'enregistrement. Ces taxes sont irréprochables dans leur principe, et tout dépendra du mode d'application qu'on adoptera pour assurer la perception. L'impôt sur les factures laisse des doutes : n'est-il pas à craindre qu'il ne prenne un caractère inquisitorial, qu'il ne pèse lourdement sur certains genres de commerce, surtout de petit commerce, tandis que d'autres (et les plus importants) y échapperont presque complètement ? Sur tous ces détails, il n'y a guère d'avis à émettre avant que les procédés d'exécution soient connus. L'impôt sur les voitures et les chevaux, malgré les chiffres relativement élevés qu'il atteindra dans quelques grandes villes, sera un impôt peu productif. Pour justifier cet impôt, on s'est appuyé sur l'exemple de l'Angleterre, où il rapporte environ 16 millions de francs à un taux moyen de 30 fr. sur les voitures et de 18 fr. sur les chevaux. Certains impôts qui, plus encore que celui-ci, ont un caractère très tranché d'impôts somptuaires, existent depuis longtemps en Angleterre, car à la taxe des chevaux et des voitures il faut ajouter celle sur les livrées, sur la poudre pour les cheveux et les perruques des domestiques, sur les équipages de chasse, sur les armoiries, etc. ; mais l'Angleterre était et est encore restée à beaucoup d'égards un pays de privilèges, jouissant de plus de liberté que d'égalité, tandis que la France a toujours montré plus de goût pour l'égalité que pour la liberté. En Angleterre, quand ces impôts ont été établis, il n'y avait guère de taxes directes ; l'impôt foncier était, comme aujourd'hui, peu élevé, et l'impôt sur le revenu n'existait pas. On comprend donc qu'un pays placé dans de telles conditions ait cherché à atteindre la richesse par des impôts de cette nature, et on ne peut oublier toutefois qu'ils sont aussi antipathiques à nos mœurs que peu justifiés par notre état social et par notre principe d'égalité complète devant la loi.

La taxe sur les voitures et les chevaux a été mise à l'épreuve en France depuis 1791 jusqu'en 1806. Afin d'atteindre la richesse mobilière après avoir imposé la propriété foncière, on crut devoir joindre à la taxe personnelle et a celle sur les loyers une autre taxe du vingtième sur le revenu présumé établi d'après le loyer, mais réduit du mentant du revenu foncier, dont le contribuable avait déjà payé l'impôt. À ces trois taxes on en ajouta deux autres : l'une sur les chevaux, l'autre sur les domestiques. Ces deux taxes, qui devaient inévitablement produire l'effet de lois somptuaires dans un pays où l'aisance est commune, mais où la richesse est une exception, soulevèrent en outre, par la difficulté et le caractère inquisitorial de la perception, des plaintes très vives ; aussi furent-elles successivement réduites, pour disparaître définitivement en 1806. Aucun motif plausible ne semble donc expliquer ce retour à d'anciens errements condamnés par l'expérience. Si un désir de popularité s'est attaché à l'établissement de cette taxe comme à la réduction du nombre des cotes personnelles et mobilières, il est possible que le progrès qui s'est opéré dans les esprits et dans l'intelligence des intérêts généraux produise un effet contraire. Les taxes destinées à atteindre exceptionnellement la richesse ou l'aisance prennent trop aisément le caractère d'impôts somptuaires, et dans ce cas elles ne sont pas seulement condamnables au point de vue du principe d'égalité et de proportionnalité, elles le sont au point de vue économique et social [19]. M. Fould n'ignore pas ces vérités, et il repoussera les idées chimériques ou funestes dont l'assiègent les hommes à projets ; nous en avons pour gage la condamnation qu'il prononce contre l'impôt sur le revenu en termes d'une concision si énergique.

Les amis de la liberté, les partisans sincères de la vraie démocratie, de celle qui cherche à élever, à éclairer l'esprit des peuples, regretteront que des considérations de cet ordre n'aient pas fait écarter la proposition de dégrèvement de la contribution personnelle et mobilière applicable à une partie de la population. L'exemption de l'impôt a été repoussée au nom de la dignité du citoyen jusque dans ces jours terribles où le niveau égalitaire était la hache du bourreau [20]. La proposition nouvelle, comme on l'a dit justement, ne fera autre chose que rétablir en bas les privilèges supprimés en haut. Vainement alléguerait-on que depuis longtemps le principe a été entamé par le dégrèvement partiel ou total de la population la plus pauvre dans un certain nombre de villes., que, sous la restauration, vingt-cinq villes avaient été autorisées par des ordonnances royales à convertir leur contribution mobilière en octroi jusqu'à concurrence de 5,931,206 francs, que la loi de finances du 21 avril 1832 accorda aux villes ayant un octroi la faculté de faire payer par les caisses municipales tout ou partie du contingent personnel et mobilier et de répartir, — au centime le franc des loyers d'habitation, — la portion à percevoir directement après déduction des faibles loyers, qu'enfin la loi des finances de 1846 confirma ces dispositions en autorisant la répartition non pas seulement au centime le franc, mais d'après un tarif gradué, comme cela se pratiquait déjà pour la ville de Paris. Ce n'est qu'en s'arrêtant aux apparences que l'on trouverait dans ces exemptions

partielles une dérogation au principe de la généralité de l'impôt. —
La population la moins aisée des villes à octroi supporte, outre les
taxes générales qui grèvent les denrées de consommation, le poids
de cet octroi, et c'est pour cela qu'on a pu mettre la justice d'accord
avec l'humanité en diminuant ou en supprimant dans les villes,
pour la population la plus pauvre, la contribution personnelle et
mobilière. Soulager de ce fardeau les habitants les moins aisés,
ce n'était pas violer des principes salutaires, ni introduire de
fâcheux précédents dans le système de l'impôt. Un dégrèvement
qui s'applique à 1,200,000 contribuables sur toute l'étendue du
territoire prend un autre caractère ; il est permis de le regretter sans
faire preuve d'indifférence pour les besoins des classes laborieuses.
L'exonération, telle qu'elle est proposée, sera, nous dit-on, de 5
millions, y compris cent mille patentes ; elle ne soulagera donc
pas chaque citoyen, chaque chef de famille, d'un demi centime par
jour. C'est bien peu au moment où, par les augmentations récentes
sur le tabac et l'eau-de-vie, par les augmentations prochaines sur
le sel et le sucre, on n'hésite pas à tant ajouter aux taxes indirectes.
Le dégrèvement direct est trop faible pour qu'on en obtienne
beaucoup de reconnaissance de la part des 1,200,000 individus
qu'un trait de plume va faire disparaître du rôle des contributions.
C'est ce rôle qui, à vrai dire, confère la qualité de citoyen actif, et
qui fait prendre une part, si minime qu'elle soit, mais directe et
personnelle, aux charges de l'état.

Arrivé au terme de l'examen que je m'étais proposé, j'espère ne
m'être pas écarté de l'esprit dans lequel j'ai voulu m'y livrer. Prendre
acte des aveux, rendre justice aux intentions, approuver les progrès
réalisés tout en montrant qu'il en reste beaucoup à faire, tel
a été mon but. Je ne mets pas en doute le vif désir qu'éprouve
M. le ministre des finances d'attacher son nom à une réforme
salutaire. Puisse-t-il réussir à diminuer les dépenses, puisse-t-il
obtenir de l'unification de la dette les résultats qu'il en attend et
relever le crédit en ranimant la confiance ! Mais, pour arriver à
cette situation nouvelle, il aura besoin d'une ferme et persistante
volonté, car, il faut bien le dire, les engagements moraux qui ont été
pris ont plus de valeur que les garanties accordées. Rien n'a gêné
le gouvernement dans le passé, rien ne l'a poussé dans la voie qu'il
a suivie ; toute initiative, toute impulsion sont venues de lui ; il n'a

rencontré aucun obstacle et ne semble en avoir aucun à prévoir : c'est donc de lui seul que dépend le succès de toute réforme. S'il le veut, l'ordre et l'économie reparaîtront dans nos finances, sinon, il ne trouverait, pas plus que par le passé, de sauvegarde hors de lui-même.

Nos espérances ne sont pas toutefois sans fondement, et voici ce qui doit surtout les autoriser : s'il est noble de reconnaître des erreurs il y a plus de grandeur encore à chercher la contradiction qui les prévient, et tel aveu dont on s'honore ne pourrait se renouveler sans dommage et sans péril. Cette conviction ne peut être étrangère à la pensée qui, après avoir inspiré les actes de novembre 1860 et de novembre 1861, s'est manifestée de nouveau dans le discours d'ouverture de la session. Toutes les concessions qui seront reconnues nécessaires nous sont promises, à la seule condition de maintenir intactes les bases fondamentales de la constitution. Si tous les pouvoirs avaient tenu le même langage et y étaient restés fidèles, beaucoup se seraient sauvés, car ce ne sont jamais les concessions faites en temps opportun qui les ont perdus. Si Napoléon avait su vouloir en 1812 et même en 1813 ce qu'il se résigna à subir au retour de l'île d'Elbe, la France n'aurait eu ni les deux invasions ni Waterloo. Il ne put trouver en 1815, dans une nation épuisée par ses sacrifices et trop longtemps pliée sous le despotisme, l'énergie et la confiance qu'il tenta de ranimer par la promesse de la liberté. Il était trop tard. Apres ce terrible exemple, aucun gouvernement ne voudra réduire la France à ne devoir la reconnaissance de ses droits qu'au besoin de faire oublier des fautes et de réparer des désastres.

Notes

1.   Revue des Deux Mondes du 1er février 1860.

2.   « La constatation a réservé le droit de voter l'impôt au corps législatif ; mais ce droit serait presque illusoire si les choses demeuraient dans la situation actuelle... En rendant au corps législatif ses attributions les plus incontestables, l'empereur le solidariserait avec son gouvernement... Sa majesté réaliserait ainsi, de la manière la plus certaine, la pensée pleine de prévoyance

qui a inspiré le décret, du 24 novembre... » Et ailleurs, entrant encore plus dans le vif : « Qu'est-ce qu'un contrôle qui s'exerce sur une dépense dix-huit mois après qu'elle est faite, et qui peut-il atteindre, si ce n'est le chef de l'état, puisque les ministres ne sont responsables qu'envers lui seul ? »

3.   Particulièrement dans la séance du 26 juin 1860, où, malgré ses efforts, le corps législatif ne put obtenir de voter autrement que par ministère trente et un millions de crédits extraordinaires pris sur le reliquat de l'emprunt de 500 millions contracté pour la guerre d'Italie. Plusieurs de ces crédits obtenaient une approbation générale, d'autres étaient vivement critiqués ; il fallut absolument voter en bloc. — Voyez le Moniteur du 28 juin 1860.

4.   Le but définitif de l'expédition n'a pas été déclaré ; mais si les bruits répandus à cet égard sont vrais, ce but serait en flagrante contradiction avec le principe de non-intervention que chaque gouvernement proclame à l'envi quand il le trouve conforme à sa politique. Je possède une lettre écrite en 1831 par le prince de Talleyrand, alors ambassadeur à Londres, et j'en détache, sur le principe de non-intervention, quelques lignes qui ne sont pas en dehors du sujet. « Ce principe, dit-il, fort commode en lui-même et fort approprié à telle circonstance, n'est plus qu'une absurdité quand on le regarde comme absolu, quand on veut l'étendre sur les points les plus éloignés les uns des autres. Ce principe est un moyen pour l'esprit ; c'est à lui d'appliquer ou d'écarter ce nouvel instrument, qui n'est le plus souvent qu'un expédient pour ne pas agir. »

5.   De l'État des Finances avant le 24 février, par M. Vitet, Revue des Deux Mondes du 15 septembre 1848. — De l'Équilibre des Budgets sous la monarchie de 1830, par M. Dumon, 15 septembre 1849.

6.   Dans un écrit réimprimé avec la dernière édition de ses œuvres.

7.   Compte général de l'administration des finances pour 1860, p. 478 et suivantes.

8.   Les rentes actives ou dues à des tiers constituent seules la véritable dette de l'état. Les rentes rachetées et appartenant à la caisse d'amortissement doivent servir à la réduction successive de

la dette ; elles peuvent être annulées ou employées, comme elles le sont aujourd'hui, à faire face à l'insuffisance des budgets de recettes.

9.   Je ne parle pas du capital nominal de la dette consolidée aux diverses époques ; il ne peut servir à des comparaisons exactes, car les proportions varient suivant qu'il existe plus ou moins de 3, de 4, de 4 1/2 ou de 5 pour 100. Il ne serait pas juste de dire que l'état doit le capital de sa dette ; il ne paie en réalité que l'intérêt, et n'offre le remboursement du capital que quand cela lui convient. La seule comparaison vraie est donc celle qui se fait sur les rentes dues.

Le capital nominal des rentes actives était en 1830 d'environ 3 milliards 800 millions ; en 1848, de 4 milliards. — La conversion du 5 pour 100 en 4 1/2, la consolidation et les emprunts de la période républicaine et ceux de la période impériale portent ce capital nominal à 8 milliards 900 millions. La conversion totale du 4 et du 4 1/2 en 3 pour 100 l'augmenterait de près de 2 milliards et le porterait aux environs de 11 milliards.

10.   Afin de simplifier les calculs, je ne m'occupe que du 4 1/2 pour 100, et je passe sous silence les 2,335,052 fr. de rentes 4 pour 100. Je laisse également en dehors les obligations trentenaires, dont la création fut l'objet d'une vive controverse ; les orateurs officiels la soutinrent avec ardeur. M. le président du conseil d'état, dans la discussion sur le projet de conversion, a dit au corps législatif que le gouvernement n'entendait pas condamner ce qu'il avait si récemment défendu ; à ses yeux, la suppression n'est pas une condamnation. Émission coûteuse, conversion plus coûteuse encore, telle est en deux mots l'histoire de cette courte et malencontreuse création.

11.   45 fr. de rentes 4 1/2 pour 100, au pair, valent 1,000 fr. ; trois obligations, au capital nominal de 1,500 fr. et remboursables seulement à ce taux, ne coûtent pas beaucoup plus de 900 fr. et rapportent également 45 fr. ; le bénéfice est de 100 fr.

12.   La soulte vient d'être fixée à 5 francs 40 centimes par un décret du 12 février. Au cours de 71 francs 5 centimes, qui est celui de fermeture de la Bourse du 12 février, 4 francs 50 de rentes 3 pour 100 valent 106 francs 57 centimes ; le pair du 4 1/2 étant de 100

francs, la différence est de 6 francs 57 centimes. L'état demande au rentier 4 francs 40 centimes et lui abandonne 1 franc 17 centimes. Ce dernier bénéficie en outre du coupon payable le 22 mars.

Si la totalité du 4 1/2 était convertie, l'état toucherait environ 208 millions ; comme on renonce en même temps à effacer du grand-livre 19 millions de rentes, l'argent qu'on recevrait équivaudrait à un emprunt à 9 pour 100.

13.   Times du 27 janvier 1862.

14.   Ce n'est pus la cinq-centième partie de la production de la France, pas le vingtième de ses exportations. Le Brésil prend autant de nos vins que l'Angleterre.

15.   On se rappelle que l'application complète du nouveau tarif ne date que du mois d'octobre 1861.

16.   Environ 53 millions de francs.

17.   Tableau du Commerce extérieur de la France en 1859.

18.   Discours prononcé à Leith.

19.   « Imposer le luxe, c'est prendre la civilisation à rebours ; c'est interdire les arts de luxe ; c'est faire acquitter cet impôt par l'ouvrier. Savez-vous si une plus grande cherté des objets de luxe ne serait pas un obstacle au meilleur marché des objets nécessaires, et si, en croyant favoriser la classe la plus nombreuse, vous ne rendriez pas pire la condition générale ? Quelle belle spéculation et quelle absurde philanthropie ! Les lois somptuaires ne sont qu'une hypocrisie. « Ainsi s'exprime M. Proudhon (Système des Contradictions économiques). J'ai cité là un écrivain qui, sans avoir à sa charge tout ce que lui attribue l'opinion vulgaire, ne peut passer pour un aristocrate et pour un défenseur exagéré de la richesse individuelle.

20.   Voyez, dans le Moniteur du 20 juin 1793, la discussion sur la constitution. On avait demandé l'exemption de toute contribution directe pour ceux qui n'avaient que l'absolu nécessaire. Fabre d'Églantine déclara que « cette proposition insidieuse ne pouvait être qu'un piège funeste à l'égalité et à la liberté, » et Robespierre s'écria : « Ce serait établir une classe d'ilotes et faire périr pour jamais l'égalité et la liberté. »

ISBN : 978-1545417089

www.ingramcontent.com/pod-product-compliance
Lightning Source LLC
Chambersburg PA
CBHW072025280526
45788CB00007B/2676